Reise durch

SÜDTIROL

Bilder von
Max Galli

Texte von
Marion Voigt

Stürtz Verlag Würzburg

INHALT

Vorherige Seite:
Der kleine Ort Mals im Obervinschgau geht auf eine Straßenstation an der römischen »Via Claudia Augusta« zurück. Die Pfarrkirche Mariä Himmel-

fahrt erhielt nach mehreren Zerstörungen 1838 ihre heutige Gestalt, der Turm mit dem oktogonalen Helm entstand 1531. In der Bildmitte ist der gewaltige Fröhlichsturm zu sehen.

Unten:
Rund um Luis Trenkers Lieblingsberg, den Langkofel (3179 m), gibt es in den Dolomiten über tausend Kilometer an Skipisten.

S Ü D T I R O L

__Seite 10/11:__
An den sonnenverwöhnten Hängen des Überetsch am Kalterer See gedeihen nicht nur Vernatschtrauben. Hier wird schon seit Jahrtausenden Wein kultiviert.

Oberhalb von Schluderns im Vinschgau flankiert die Churburg den Eingang ins Matschertal. Durch den Churer Bischof 1253 erbaut, ist die Anlage heute eine der bedeutendsten und am besten erhaltenen Burgen Südtirols. Die Rüstkammer enthält die wohl größte private Sammlung von Waffen und Rüstungen aus dem Mittelalter.

Die Reise durch Südtirol führt durch eine Landschaft, die voller Gegensätze und Widersprüche zu stecken scheint. Große Höhenunterschiede reichen von einigen hundert Metern über Meeresniveau bis zum Gipfel des Ortler auf fast 4000 Metern. Im berühmt milden Klima Merans gedeihen Palmen, Zypressen, Myrthen und Libanonzedern, während sich an der Südseite des Alpenhauptkamms ausgedehnte Gletscherflächen erhalten haben, darunter als größter Gletscher Südtirols der Übeltalferner in den Stubaier Alpen. Am Vinschgauer Sonnenberg, wo extrem wenig Niederschläge fallen, finden sich Steppengräser, die man sonst nur aus Ungarn oder Russland kennt. Bei all ihrer landschaftlichen Vielfalt erstreckt sich diese Region nur über 7400 Quadratkilometer, so dass sich die Extreme auf relativ engem Raum zusammendrängen und vielleicht gerade deshalb eine besondere Faszination auf Reisende ausüben.

DER MANN IM EIS

Das Gebiet zwischen Ötztaler und Zillertaler Alpen im Norden, Ortler- und Adamello-Presanella-Gruppen im Westen sowie Dolomiten im Osten mit seinen drei Haupt- und zahlreichen Seitentälern ist spätestens seit der Jungsteinzeit besiedelt. Seit dem spektakulären Fund des Similaun-Mannes im Eis nahe dem Hauslabjoch wissen wir aufs Genaueste, wie wir uns die Menschen vorzustellen haben, die vor etwa 5300 Jahren, zu »Ötzis« Lebzeiten, in dieser Region siedelten. Ein eigens eingerichtetes Südtiroler Archäologiemuseum in Bozen zeigt mittlerweile neben der bestens konservierten Gletscherleiche

eine Rekonstruktion des möglicherweise aus dem Vinschgau stammenden Mannes. Er trug über seiner Kleidung aus Ziegenleder einen Umhang aus Gras, dazu eine Bärenfellmütze, und er führte verschiedene Waffen mit sich, unter anderem einen Langbogen aus Eibenholz und 14 Pfeile in einem Köcher aus Gämsenleder. Etwas getrocknetes Steinbockfleisch diente diesem prähistorischen Alpenbewohner als Proviant. Er hatte sich auf eine Höhe von über 3200 Metern vorgewagt, und aufgrund von Pollen der Hopfenbuche, die in seinem Darm gefunden wurden, kann man sogar auf die Jahreszeit seines Aufstiegs schließen, den Frühsommer – die Zeit, zu der heute noch die Schnalstaler Schafhirten ihre Herden auf die Hochweiden treiben.

MULTIKULTI IN SÜDTIROL

In der schwer zugänglichen Alpenregion mit ihren fruchtbaren und geschützten Tälern haben verschiedene Völkerschaften ihre Spuren hinterlassen. Die Römer errichteten unter Kaiser Augustus die Provinz Rätien, die etwa Graubünden, das Alpenvorland bis zum Inn und Tirol umfasste. Ostgoten, Slawen, Alemannen, später Langobarden und Baiern drangen in das Grenzland ein, und über die Jahrhunderte hinweg durchquerten es Soldaten, Pilger, Kaufleute von Nord nach Süd und in umgekehrter Richtung. Die Route durch die Zentralalpen führte zunächst über den Reschenpass (1504 m). Später bildete der Brennerpass (1371 m) als niedrigster Übergang den bevorzugten Weg nach Süden. Als wichtige Voraussetzung dafür erhielt der Bozener Kaufmann Heinrich Kunter 1314 die Erlaubnis, durch die nördlich der Stadt gelegene Schlucht eine zollpflichtige Straße auszubauen. Vorher mussten Reisende die Schlucht aufwendig umgehen, entweder über den Ritten oberhalb von Bozen oder über den Jaufenpass und durch das Passeiertal.

Nachdem bereits Karl der Große den Alpenraum seinem Reich eingegliedert hatte, erhielten im elften Jahrhundert die Bischöfe von Brixen und Trient die Herrschaft über den größten Teil des späteren Tirol, beständig angefochten von verschiedenen aufstrebenden Grafengeschlechtern. Unter diesen setzten sich schließlich die Grafen von Vinschgau durch. Neben Dorf Tirol, heute ein vielbesuchter Touristenort, erbauten sie um 1120 ein Schloss und übertrugen den Namen ihres Stammsitzes oberhalb des Meraner Beckens auf ihren gesamten Herrschaftsbereich. 1253 starben die Grafen von Tirol aus, und ihre Grafschaft fiel an die Grafen von Görz. 1363 ging Tirol in österreichischen Besitz über. In diesem Jahr dankte Gräfin Margarete Maultasch, deren Bild als »hässliche Herzogin« Lion Feuchtwanger kolportiert hat, zugunsten ihres habsburgischen Vetters ab. Dieser Schritt setzte den Schlusspunkt unter Jahrzehnte währende Rivalitäten um das wohlhabende und strategisch bedeutsame Tirol. Margarete hatte sich den Teilungsabsichten der Häuser Luxemburg, Habsburg und Wittelsbach erfolgreich widersetzt – sich dabei zahlreiche Feinde gemacht – und sicherte nach dem frühen Tod ihres Sohnes und Erben durch geschicktes Taktieren und die Übergabe an Rudolf IV. von Österreich die politische Einheit ihrer Grafschaft. Margarete selbst ging ins Exil an den Wiener Hof und starb dort 1369 mit 51 Jahren. Von der Bedeutung dieser durchaus widersprüchlichen und interessanten Frau zeugen die vorzüglichen Fresken unbekannter Meister, mit denen die doppelstöckige Kapelle von Schloss Tirol während ihrer Regentschaft ausgemalt wurde. In einem Fenster der Kapelle findet sich auch die älteste bisher bekannte Glasmalerei Tirols. Sie entstand etwa zeitgleich mit den Fresken und zeigt Maria mit einem Buch auf einem baldachinüberdeckten Thron.

DIE SÜDTIROLFRAGE

Die fast sechshundertjährige, nur zwischen 1805 und 1814 unterbrochene Zugehörigkeit zu Österreich endete nach dem ersten Weltkrieg, als Italien im Frieden von St.-Germain-en Laye Südtirol bis zur Brennergrenze zugesprochen bekam. Die faschistische Regierung verfolgte eine restriktive Italianisierungspolitik, die in der Massenumsiedlung von deutschsprachigen Südtirolern bis 1943 gipfelte. Nach dem zweiten Weltkrieg sollte die deutschsprachige Bevölkerung Autonomierechte erhalten, aber die Regierung fasste Südtirol mit dem Trentino zu einer neuen Region zusammen, in der die Südtiroler die Minderheit bildeten. In der Folge kam es zu schweren, teilweise gewalttätigen Auseinandersetzungen um die Südtirolfrage, die erst 1992 völkerrechtlich geklärt werden konnte.

Laut der Volkszählung von 1991 bezeichnen sich heute etwa zwei Drittel der insgesamt 450 000 Südtiroler als deutschsprachig und annähernd ein Drittel als italienisch-

sprachig. Daneben besitzt die ladinische Bevölkerung einen Anteil von etwa vier Prozent. Die Ladiner gelten als Nachkommen der ältesten Alpen- und Voralpenbewohner, der Räter, die durch die Römer christianisiert wurden. Ihre Sprache gehört zu einer Reihe von verwandten Mundarten, die als rätoromanisch zusammengefasst werden und von denen sich einige in Graubünden, in Südtirol und im Trentino sowie in Friaul erhalten haben. Sie haben sich durch die Abgeschiedenheit in entlegenen Bergtälern zahlreiche Eigenheiten bewahrt und bieten genügend Stoff für einen ganzen Forschungszweig. Das Südtiroler Ladinisch teilt sich in die beiden Dialekte des Gader- und des Grödnertales (ladinisch: Gherdeina) auf.

TRADITIONELLES HANDWERK

Die schwer zugänglichen Gebirgstäler nahmen über Jahrhunderte hinweg eine weitgehend eigenständige Entwicklung, und die Menschen bildeten ein ausgeprägtes Selbstverständnis aus, sodass die Bewohner benachbarter Täler am liebsten die Unterschiede zum jeweiligen Nachbarn und dessen vermeintliche oder wirkliche Eigenarten betonen. Dies zeigt sich unter anderem in den vielfältigen Bräuchen und Gewohnheiten sowie in den traditionellen Handwerkskünsten. Manche davon gehen nach und nach verloren oder sind bereits verschwunden, andere erleben nicht zuletzt dank der Nachfrage durch Touristen einen ungeahnten Aufschwung. Ein schönes Beispiel dafür bietet die im nördlich von Bozen gelegenen Sarntal ausgeübte Federkielstickerei, bei der Leder mit Fäden aus fein geschnittenen Streifen von Pfauenfederkielen bestickt wird. Auch die als Souvenir beliebten Pantinen aus Zirmholz und Leder, »Koschpn« genannt, werden mit Stickereien verziert. Im Alltag der Bauern spielen sie jedoch praktisch keine Rolle mehr. Erst zum Ende des 19. Jahrhunderts, nachdem das dortige Bergwerk geschlossen werden musste, wurde in Prettau im Ahrntal das Spitzenklöppeln heimisch.

Vom Bozner Obstmarkt zeigten sich Reisende aus nördlicher gelegenen Regionen zu allen Zeiten tief beeindruckt. Nicht nur Goethe oder Herder weideten sich an dem Anblick von Früchten, Kräutern und allerhand Gemüsesorten, die hier in mediterraner Pracht und Üppigkeit ausgebreitet liegen.

Seither erfreut sich die Prettauer Spitze einiger Berühmtheit. Im Gadertal, wo früher Flachsanbau üblich war, pflegt man nach wie vor die Leinenweberei, und im Sarntal gibt es noch – oder wieder – einige Regglmacher, die die früher in der Trachtenjacke getragenen kleinen Pfeifen aus Birken- oder Nussholz mit einem Kelch aus Neusilber anfertigen. Die Ladiner wiederum sind für ihre Schnitzkunst berühmt, deren Tradition im Grödnertal bis ins 17. Jahrhundert zurückreicht. Im Heimatmuseum von St. Ulrich sind zeitgenössische wie auch alte Holzschnitzarbeiten zu sehen, die einen Überblick über die ganze Bandbreite dieses bedeutenden Handwerkszweig geben, darunter etliche Werke der berühmten Grödner Holzschnitzerfamilie Vinazer. Aus neuerer Zeit kennt man das Holzspielzeug der Firma Sevi, die seit 1831 von St. Ulrich aus die Kinderzimmer versorgt.

MINNESÄNGER

Ins Grödnertal führen auch die Spuren des Oswald von Wolkenstein (um 1377 – 1445). Seine Familie nannte sich nach der verwegen am Fels erbauten Burg Wolkenstein am oberen Talende und besaß unter anderem Burg Hauenstein bei Seis, von der nur noch eine Ruine übrig geblieben ist. Hier lebte der adlige Dichter einige Jahre, bevor er in Meran starb. Oswald verbrachte wohl die meiste Zeit seines Lebens auf Reisen, im diplomatischen Dienst, und er hinterließ ein umfangreiches Werk an autobiographisch gefärbten Liedern und Lyrik, das am Übergang von der spätmittelhochdeutschen Dichtung zur Literatur der Renaissance steht. Ganz untypisch für diese Zeit ließ Oswald von Wolkenstein noch selbst einen großen Teil seiner Lieder samt dazu gehörigen Melodien aufzeichnen und mit Bildnissen seiner Person versehen. Da er außerdem in weiser Voraussicht seines literarischen Nachruhms persönliche Dokumente gesammelt hat, können wir heute dank der von Dieter Kühn verfassten Biografie das Leben dieses spätmittelalterlichen Dichters recht gut nachvollziehen.

In der oberhalb von Waidbruck am Eisack gelegenen Trostburg, die sich seit 1385 im Besitz der Familie von Wolkenstein befindet, ist heute eine umfangreiche Ausstellung zum Leben Oswalds untergebracht. Nicht weit entfernt, auf dem Vogelweidhof bei Lajen, wird der Geburtsort eines anderen

Von Schlanders aus, dem Hauptort des Vinschgaus zwischen Meran und Reschenpass, bieten sich reizvolle Wandertouren an: ob gemächlich über den Sonnenberg oder zum höchsten Marmorsteinbruch Europas auf 2170 Meter Höhe, weit oberhalb des Nördersbergs.

Minnesängers vermutet, der einer noch früheren Periode angehört: Walther von der Vogelweide (um 1170–1230). Das Leben dieses bedeutendsten mittelhochdeutschen Dichters ist so gut wie überhaupt nicht dokumentiert, aber Walthers literarische Hinterlassenschaft – bekannt unter anderem aus der Manessischen Liederhandschrift – spricht für sich selbst. Auf dem malerischen Waltherplatz in der Altstadt von Bozen ist dem Minnesänger ein Denkmal gewidmet, das von Heinrich Natter gestaltet und 1889 errichtet wurde.

SÜDTIROL FÜR KUNSTLIEBHABER

Südtirol bietet nicht nur Naturlandschaften in verschwenderischer Vielfalt und Schönheit, es verfügt auch über ein reiches Erbe an Kunstwerken. Neben vorgeschichtlichen Zeugnissen wie Felszeichnungen gibt es etliche markante Beispiele für romanische Architektur und Malerei. An vorderster Stelle zu nennen ist die Kirche St. Prokulus bei Naturns aus dem 8. Jahrhundert. In ihrem Innenraum wurden einzigartige Fresken aus vorkarolingischer Zeit freigelegt, die zusammen mit denen von St. Benedikt in Mals zu den ältesten erhaltenen Wandmalereien im deutschsprachigen Raum zählen. Ähnlich bedeutend ist die Stiftskirche in Innichen, die nach 769 im Zusammenhang mit der Klosterstiftung des bayerischen Herzogs Tassilo III. erbaut wurde. Nachdem der Ursprungsbau um 1200 einem Brand zum Opfer fiel, entstand die mehrfach umgestaltete und in den sechziger Jahren dieses Jahrhunderts grundlegend restaurierte Kirche, die heute zu sehen ist. Unter den Kunstschätzen dieser Kirche befinden sich eine Kreuzigungsgruppe aus der Zeit nach 1200 sowie ein herrliches Fresko von Michael Pacher.

Unbedingt sehenswert ist eines der frühesten Beispiele profaner Wandmalerei, der Freskenzyklus mit Szenen aus der Iwein-Sage nach dem gleichnamigen Artusroman des Hartmann von Aue, eines Zeitgenossen Walthers von der Vogelweide. Die zwölf Darstellungen dürften um 1205, kurz nach Niederschrift des Romans, entstanden sein und schmücken die Trinkstube im Palas der

Insgesamt 18 Kilometer Promenaden und ebenso viele Hektar Parkanlagen verführen in der berühmten Kurstadt Meran zum Flanieren. Berühmt ist auch die vornehmlich im Herbst empfohlene Traubenkur, bei der man täglich ein bis zwei Kilogramm der köstlichen Früchte verzehren darf.

Burg Rodeneck am Eingang zum Pustertal. Fast zweihundert Jahre später ließen die Bozener Patrizier Niklas und Franz Vintler ihre neu erworbene Burg Runkelstein umbauen, erweitern und mit prächtigen Wandmalereien ausstatten, die zu den bedeutendsten Fresken der Gotik gehören. Die ihrer Anzahl und Bildhaftigkeit nach ganz und gar einzigartigen Motive spiegeln Episoden höfischen Lebens und ritterliches Selbstverständnis.

In der Kunstgeschichte Südtirols spielen die außerordentlich zahlreichen Wandmalereien eine wichtige Rolle. Viele wurden erst in den letzten Jahren entdeckt und frei gelegt. Als ähnlich charakteristisch gelten die gotischen Flügelaltäre, von denen hier noch etwa siebzig Exemplare erhalten sind. Ein geschnitzter Schrein für Figuren und Darstellungen als Mittelteil besitzt je einen (beim Tryptichon), manchmal auch mehrere Flügel auf jeder Seite, die innen wie außen mit Reliefs und Malereien geschmückt sind und geschlossen werden können. Als Untersatz dient die Predella, als Aufsatz das Gesprenge. Den wohl ältesten Flügelaltar Südtirols, gestiftet 1427, birgt die Pfarrkirche St. Sigmund im Pustertal. Der Bildhauer und Maler Hans Multscher (um 1400–1467) schuf zwischen 1456 und 1459 den berühmten Sterzinger Altar. Teile dieses Werks, das der realistischen Spätgotik zugerechnet wird, zeigt das Multscher-Museum in Sterzing.

Mit dem Namen Michael Pacher (um 1435–1498) verbinden sich einige der bedeutendsten Kunstwerke Südtirols und der Spätgotik überhaupt. Der Maler und Bildschnitzer stammte vermutlich aus Bruneck, wo noch sein ehemaliges Wohnhaus zu sehen ist. Eines seiner Hauptwerke birgt die Grieser Pfarrkirche in Bozen: Der Marienkrönungsaltar entstand 1471–1475. Zahlreiche größere und kleinere Arbeiten Pachers lassen sich entlang einer anlässlich des 500. Todestags des Künstlers präsentierten Route zwischen Bozen und dem österreichischen Assling besichtigen, die zu insgesamt 28 Stationen führt. Als letztes Beispiel aus der Reihe wertvoller Flügelaltäre sei das Werk des schwäbischen Meisters Jörg Lederer genannt. Der um 1520 geschaffene Altar steht unversehrt und vollständig erhalten in der Latscher Spitalkirche zum Hl. Geist.

BURGENLAND

Wer sich auf Streifzüge zu Burgen, Schlössern und Ansitzen begeben möchte, ohne allzu weite Strecken zurücklegen zu müssen, der findet in den Landstrichen von Unterland und Oberetsch eine Auswahl wie angeblich nirgendwo sonst. Westlich der Etsch zwischen Terlan, noch oberhalb von Bozen, und Salurn, dem südlichsten Ort Südtirols, erstreckt sich das Überetsch, östlich des Flusses das Unterland – ehemals Überschwemmungsgebiet und heute eines der größten Obstanbaugebiete Europas.

Von Hocheppan aus soll man 30 Burgen sehen. Etliche Anlagen und Ansitze rund um Eppan wurden zu Hotels umgebaut, wo die Gäste höchst stilvoll residieren. Burg Hocheppan selbst besitzt eine Kapelle mit romanischem Innenraum, der mit Fresken aus dem 13. Jahrhundert reich ausgemalt ist. In der Nähe von Auer liegt auf einem Plateau oberhalb des Etschtales der geheimnisumwitterte Castelfelder Burghügel mit Mauerfundamenten aus der Spätantike und Resten einer prähistorischen Siedlung. Man hat in Südtirol über 300 Burgen gezählt, sehr viele davon liegen am Zugang zu einem Tal oder aber als Schutz für Siedlungen auf Plateaus. Bedeutend und überaus gut erhalten ist die Churburg bei Schluderns im Vinschgau. Ihre ältesten Teile stammen aus dem 13. Jahrhundert, so auch die wieder hergestellte Nikolauskapelle mit der spätromanischen Plastik der Madonna mit Kind. Die Grafen von Trapp bauten die Anlage zur ›schönsten Renaissance-Residenz Südtirols‹ aus, als die sie sich noch heute präsentiert. Burgenvielfalt en miniature findet man in der Trostburg, wo eine sehenswerte Sammlung von etwa 80 Modellen Südtiroler Burgen ausgestellt wird.

Eine der bekanntesten Burgen dieses Landes ist sicher das sich oberhalb von Naturns am Eingang des Schnalstals erhebende Schloss Juval. Reinhold Messner hat die Überreste der im 13. Jahrhundert entstandenen Burg 1983 gekauft und samt umliegenden Höfen mittlerweile zu einem ertragreich wirtschaftenden Gefüge ausgebaut, das auch besichtigt werden kann. Im Ortlergebiet, oberhalb von Sulden, versucht Messner auf einem Bergbauernhof mit »Yak + Yeti« eine Gastronomie zu etablieren, die auf hohem Niveau Produkte aus eigener Erzeugung anbietet. Zu einer Touristenattraktion sind neuerdings die hier gehaltenen tibetischen Yaks avanciert.

An der Grenze zu Venetien erhebt sich das markante Trio der Drei Zinnen in den Sextener Dolomiten bis auf 2999 Meter Höhe. Die Kleine Zinne wurde 1881 erstmals erklettert, die Erstbegehung der Großen Zinne über die Nordwand erfolgte 1933.

EDLE PFERDE AUS SÜDTIROL

Die unverwechselbaren goldfuchsfarbenen Pferde mit der hellen Mähne und dem hellen Schweif werden inzwischen vielerorts gezüchtet und hoch geschätzt, aber die echten Haflinger kommen aus der Gegend um Hafling, Mölten und Jenesien, von dem Hochplateau zwischen Meran und Bozen. Seit der entsprechenden EU-Entscheidung von 1997 dürfen sich die Südtiroler offiziell damit rühmen. Die Haflinger, die zum Zeichen der Reinrassigkeit ein stilisiertes Edelweiß als Brandmal tragen, gehen auf Kreuzungen heimischer Gebirgspferde mit den Norikern, alpinen Kaltblütlern, zurück. 1874 kam im Vinschgau der Ahnherr der Rasse zur Welt, der erstmals einen Araberhengst im Stammbaum führte. Ehemals Saumpferde, die im unwegsamen Gelände Lasten transportierten, dienen die trittsicheren, friedfertigen Haflinger heute als Reittiere.

Sie stehen im Mittelpunkt zahlreicher Veranstaltungen, wie dem Oswald-von-Wolkenstein-Ritt, der alljährlich im Juni zwischen Waidbruck und Schloss Prösels über eine Strecke von 30 Kilometern führt. Im Winter gibt es allein um die 100 Schlittenrennen und Skikjörings. Diese norwegische Sportart, bei der ein Pferd mit Reiter einen Skifahrer zieht, wird seit Jahrzehnten auch in Südtirol ausgeübt – unter anderem auf der Seiser Alm, dieser größten Hochalm Europas auf etwa 2000 Metern.

BERGSPORT

Ganz gleich, zu welcher Jahreszeit man nach Südtirol reist, man findet hier fast immer ideale Voraussetzungen für sportliche Aktivitäten vor. Unzählige Wege und Routen locken Wanderer, Bergsteiger und Kletterer in die Berge, und den Sommer über stellen bewirtschaftete Almen und Schutzhütten willkommene Ziele für mehr oder weniger ausgedehnte Touren dar. Eher als die hoch gelegenen eiskalten Bergseen empfiehlt sich

zum Baden der Kalterer See (Lago di Caldaro) südlich von Bozen, der als wärmster Badesee der Alpen gilt. In der Wintersaison fällt die Wahl des Skigebiets schwer. Ob im Ortlergebiet, in Meran 2000, am Kronplatz bei Bruneck, daran anschließend im Dolomiti-Superski-Gebiet, in Alta Badia und Gröden Seiser Alm, oder aber im Pustertal als dem Dorado für Skilangläufer – das Angebot an Pisten und Loipen ist schier unübersehbar und dank Schneekanonen beinahe wetterunabhängig. Selbst im Sommer geht der Skibetrieb am Stilfserjoch und am Talschluss des Schnalstales weiter. Wenn im Januar allerorten Schneemänner und -frauen gebaut werden, trifft sich die Crème de la crème an internationalen Künstlern zum Schneeskulpturenfestival im Pustertaler Innichen und in St. Vigil im Gadertal. Was dort innerhalb von drei Tagen aus Schnee gezaubert wird, sucht seinesgleichen und vergeht leider allzu schnell.

PÄSSE UND PANORAMEN

Eine Fahrt auf der großen Dolomitenstraße von Bozen in Richtung Cortina d'Ampezzo bietet herrliche Panoramen. Sie führt zunächst durch das Eggental mit dem obligatorischen Blick auf den Rosengarten und dann vorbei am 1519 Meter hoch gelegenen Karersee – ehemals einer der Lieblingsplätze der Kaiserin Sissi –, in den der Sage nach ein Seefräulein einen Regenbogen gezogen hat. Über den Karerpass geht es ins Fassatal, das bereits in Venetien liegt, und über mehrere steile Pässe zum hinlänglich bekannten Wintersportzentrum Cortina. Die Strecke verläuft nordwärts – mit Aussicht auf die Drei Zinnen – zurück nach Südtirol und ins Pustertal. Hier kann man einen Abstecher zum Pragser Wildsee machen, der auf fast 1500 Metern in einem tiefen Felstrichter liegt. Über Bruneck und Brixen gelangt man wieder nach Bozen.

Seite 22/23:
Von der Rienz aus zieht sich das durch seine ladinische Bevölkerung geprägte Gadertal gut 30 Kilometer südwärts in Richtung Grödner Joch. Etwa auf halber Strecke zweigt nach Osten das Wengental ab.

Seite 24/25:
Mit seinen mittelalterlichen Wehranlagen, Gässchen und Laubengängen stellt das Städtchen Glurns im Vinschgau eine geschlossene architektonische Einheit dar.

24

BOZEN – IM KNOTENPUNKT

»Die schönste Architektur der Welt« (Le Corbusier) lässt sich vom südlich gelegenen Misurina aus am einfachsten erkunden. Eine Rundwanderung führt in etwa vier Stunden, vorbei an drei Schutzhütten, rings um das Felsgebilde der Drei Zinnen.

Als Provinzhauptstadt mit etwa 100 000 Einwohnern spiegelt Bozen auf ebenso eindringliche wie schöpferische Weise das Leitmotiv Südtirols wider, die Vielfalt und Widersprüchlichkeit, die ihren ganz besonderen Reiz ausmacht. Italienische Sprache und Lebensart besitzen hier wie in den anderen größeren Städten der Region einen höheren Stellenwert als in den ländlichen Gebieten. Inmitten pulsierender Betriebsamkeit bleibt genügend Raum für den Bummel vorbei an eleganten Geschäften, Gespräche beim Espresso zwischendurch oder ausgiebige Mittagsruhe. Vor hinreißender Gebirgskulisse entfaltet sich am Zusammenfluss von Etsch, Talfer und Eisack ein Panorama südlicher Urbanität.

Dabei strahlt das traditionelle Handelszentrum mit seinen mittelalterlichen Gassen und Laubengängen Souveränität im Umgang mit den seit alters sich hier treffenden kulturellen und wirtschaftlichen Strömungen aus. Da Bozen im Knotenpunkt der alten Verkehrswege liegt, die über Reschen- und Brennerpass Süddeutschland und Oberitalien verbinden, hinterließ manches Handelshaus, manche Künstlerschule hier ihre Spuren. Diejenigen, die sich in Bozen niederließen, profitierten vom regen Austausch und erwarben sich einigen Reichtum, was den historischen Gebäuden der Stadt heute noch anzusehen ist. Eine Hinterlassenschaft anderer Art stellt die ideologisch geprägte Architektur der zwanziger und dreißiger Jahre dar, die sich westlich der Bozen durchfließenden Talfer ausbreitet. Hier ließ Mussolini nach 1919 metallverarbeitende Industrie im großen Stil ansiedeln.

In den letzten Jahren prosperiert diese Stadt gewaltig, nachdem unter anderem der Prozess der europäischen Einigung die Bedeutung der Region für den interkulturellen Austausch wieder hervorhebt. Dafür steht auch die 1997 gegründete Freie Universität Bozen, die sich zusammen mit der ebenfalls noch jungen Europäischen Akademie der Vermittlung zwischen Nord und Süd verschrieben hat.

ALTER HANDELSSTRASSEN

Auf einer Höhe von über 1300 Metern liegen weit verstreut und teils ganz abgelegen an den Berghängen die Anwesen, die zu dem alten Bauerndorf Wengen gehören. Die 1490 erbaute spätgotische Kirche St. Barbara birgt Wandgemälde aus der Pacher-Schule sowie eine hölzerne Empore aus dem 16. Jahrhundert.

Seite 30/31:
Am Waltherplatz, Bozens großzügigem »Empfangssalon«, erhebt sich die ehrwürdige Dompfarrkirche Mariä Himmelfahrt. Diese älteste Hallenkirche Tirols entstand in ihren wesentlichen Teilen um 1350. Die grazile Turmspitze besteht aus einer durchbrochenen Sechseckpyramide vom Anfang des 16. Jahrhunderts.

OPTIK

Rechts:
Das Denkmal Walthers von der Vogelweide wurde von dem Vinschgauer Bildhauer Heinrich Natter aus Laaser Marmor gestaltet und 1889 errichtet. 1901 erhielt der Platz den Namen des bedeutenden Minnesängers, der aus der Gegend von Lajen stammen soll.

Unten:
Bozen als Experimentierfeld faschistischer Geltungssucht: Das Siegesdenkmal wurde 1926–1928 im Auftrag Mussolinis von Marcello Piacentini errichtet.

Oben:
In den Gassen und auf den Plätzen der Bozner Altstadt begegnen dem Reisenden Motive ganz unterschiedlicher Art: Südländische Gelassenheit und Großzügigkeit treffen sich mit kaufmännischem Geschäftssinn und Bürgerlichkeit.

Ganz links und links:
Die historische Bozner Laubengasse mit ihren prächtigen Bürgerhäusern bildete das Geschäftszentrum der alten Handelsstadt. Die Straße teilten sich einst oberitalienische und süddeutsche Kaufleute.

Links:
Im eindrucksvollen dreischiffigen Langhaus des Doms scheinen die gotischen Pfeiler, die das Kreuzrippengewölbe tragen, himmelwärts zu streben.

Seite 36/37:
Die Südtiroler Weinstraße verläuft von Bozen nach Salurn und zieht sich rechts der Etsch an den Hängen des Mendelkammes vorbei an Eppan und Kaltern.

Rechts:
Unterirdische Quellen speisen den etwa zwei Kilometer langen Kalterer See und sorgen für eine gute Wasserqualität.

Unten:
Idyllisch gelegen ist die Kirche St. Josef bei Kaltern.

Links und unten:
Der Weinbau stellt eine wichtige Grundlage für die Wirtschaft Südtirols dar. Die Anbauflächen reichen von Kortsch im Vinschgau bis nach Neustift im Eisacktal und Salurn im Etschtal.

ZWISCHEN ›KNÖDEL

Im Alto Adige gehen Tiroler Mentalität und mediterrane Lebensart eine überaus fruchtbare Verbindung ein, die nicht nur, aber gerade den kulinarischen Genüssen zugute kommt. An Knödel und Klößchen zeigt sich die ganze Bandbreite der Südtiroler Küche von österreichischen Marillenknödeln bis zu italienischen Gnocchi. Eine direkte Linie führt von italienischen Ravioli über Südtiroler Schlutzkrapfen zu schwäbischen Maultaschen. Erfunden hat die mit Spinat gefüllten Teigtaschen angeblich Gräfin Margarete mit dem passenden Beinamen.

Zu einer deftigen Brettlmarende oder Brotzeit gehört natürlich der echte Südtiroler Speck, der gepökelt, in Wacholder geräuchert und mindestens zwei Monate gelagert wird. Dünn aufgeschnitten, schmeckt der Speck köstlich zu einem kräftig gewürzten Vinschgauer Roggenfladen. Das typische Schüttelbrot wird ebenfalls aus Roggenmehl mit einem Anteil Weizenmehl hergestellt. Unter Zugabe von Hefe und lauwarmem Wasser entsteht ein Teig, der mehrfach gehen muss, bevor er in kleine Fladen geteilt wird. Auf einem bemehlten Brett mit etwa 35 Zentimeter Durchmesser schüttelt man jeden Fladen so lange im Kreis, bis der Teig fast so groß ist wie das Brett – was einige Geschicklichkeit erfordert. Im Backofen werden die Fladen gebacken und danach getrocknet, sodass sie sich besonders lange halten.

In den klimatisch besonders begünstigten Lagen von Unterland und Überetsch prägen Obstplantagen und Weinberge das Bild. Im Weinmuseum von Kaltern findet man die bis ins 1./2. Jahrtausend vor Christus zurückreichende lokale Tradition übersichtlich dargestellt. Hier kann man auch eine echte Torggl besichtigen, die früher verwendete Traubenpresse aus Holz. Anschließend – vornehmlich im Herbst – geht es dann stilecht zum Törggelen in eine der zahlreichen Buschenschänken, wo ein Buschen an der Tür zum Verkosten des jungen Weins einlädt. Der bekannte rote Kalterersee wird aus der hier fast allgegenwärtigen Vernatschtraube gekeltert. Der Gewürztraminer ist südlich des Kalterer Sees in dem Winzerdorf Tramin zu Hause.

Während um 1900 in Südtirol noch auf einer Fläche von etwa 10 000 Hektar Wein angebaut wurde, gingen die Erträge nach dem Anschluss an Italien und mit der Ausbreitung der Obstplantagen immer weiter zurück. Bis heute hat sich die Anbaufläche halbiert. Seit Mitte der achtziger Jahre mit Barrique-Ausbau und neuen Rebsorten wie Sauvignon blanc oder Merlot Erfolge erzielt wurden, gewinnen die Südtiroler Weine wieder an Renommee. Zu den berühmtesten Vertretern gehört jedoch nach wie vor der rote St. Magdalener vom Ritten, der aus Vernatsch und dem traditionsreichen Lagrein gekeltert wird.

Dem Obstanbau ist in Lana bei Meran ein eigenes Museum gewidmet, wo unter anderem die älteste Torggl Südtirols von 1570 gezeigt wird. Früher, als Massenproduktion und Monokulturen noch nicht die Böden vereinnahmt hatten, herrschte eine größere Vielfalt. Heute regiert eine Handvoll Apfelsorten, allen voran Golden Delicious, das größte zusammenhängende Apfelanbaugebiet Europas. Im Etschtal sind Kultur, Ernte und Vermarktung der Äpfel ganz auf die Erfordernisse moderner Absatzmärkte zuge-

Links: *Die Schwarzen Knödel bestehen aus zerkleinertem, in Milch eingeweichtem Schüttelbrot. Gehackte Zwiebeln und Knoblauch werden in Öl angebraten und mit dem Brot vermischt. Kleingewürfelter Speck und Lauch sowie eine rohe geriebene Kartoffel kommen dazu, schließlich wird die Masse mit Buchweizenmehl und etwas Salz verknetet, zu Knödeln geformt und in Salzwasser gekocht.*

UND CARPACCIO

Unten:
Auf den Obst- und Gemüsemärkten breitet sich der ganze verschwenderische Reichtum an aromatischen Früchten aus, den diese Gegend hervorbringt.

Rechts:
Etymologie einer Südtiroler Spezialität: »Schlutzen« bedeutet so viel wie schlecken, lutschen; und als Krapfen bezeichnete man ursprünglich ein Gebäck mit hakenförmigem, gekrümmtem Aussehen.

Rezept für Schlutzkrapfen

Für den Teig:
je 250 g Roggen- und Weizenmehl
2 Eier, Salz
1 EL Öl, lauwarmes Wasser nach Bedarf

Für die Füllung:
800 g Spinat
4 EL Petersilie
1 kleine Zwiebel, gehackt
40 g Butter
1 EL Mehl
1/4 l Milch
Salz, Pfeffer, Muskatnuss
1 EL Parmesan
80 g Butter
60 g Parmesan, gerieben

Aus den Zutaten einen nicht zu festen Teig kneten. Den Teig zugedeckt 1 Stunde ruhen lassen. Den Spinat waschen, in Salzwasser blanchieren, abseihen und ausdrücken. Mit der Petersilie zusammen fein hacken. Die Zwiebel in Butter glasig werden lassen, mit Mehl überstäuben, heiße Milch zufügen, gut verrühren und etwas einkochen lassen. Spinat, Gewürze und Parmesan zugeben, beiseite stellen.

Den Teig möglichst schnell dünn ausrollen, damit er nicht austrocknet. Mit dem Teigrädchen etwa 8 x 8 Zentimeter große Quadrate ausschneiden und je einen Löffel Füllung daraufsetzen. Die Quadrate zu Dreiecken zusammenlegen und die Ränder festdrücken. Die Schlutzkrapfen in kochendes Salzwasser geben und 5 Minuten ziehen lassen, dann abseihen, mit Parmesan bestreuen und mit zerlassener Butter übergießen. Sofort servieren.

schnitten. Daneben existieren jedoch Inseln mit ökologisch orientiertem oder traditionellem Anbau, wo auf Streuobstwiesen Gravensteiner, Reinette oder Klarapfel wieder zu verdienten Ehren kommen und staunenden Konsumenten vor Augen führen, wie unterschiedlich Äpfel schmecken können.

Rechts:
In der Zeit der Apfelernte scheint der Einfallsreichtum grenzenlos zu sein, was die Verwertbarkeit dieser paradiesischen Frucht anbelangt: Zur Schönheitspflege viertelt man einen Apfel und reibt den Körper damit ab, sodass das erfrischende Pektin in die Haut eindringen kann.

Seite 42/43:
Über die St.-Oswald-Promenade gelangt man von Bozen aus in etwa einer dreiviertel Stunde zu Fuß hinauf zum Winzerdorf St. Magdalena.

Links und ganz oben:
Am Bozner Hausberg, dem Ritten, haben eiszeitliche Moränen bis zu 30 Meter hohe, nadelförmige Erdpyramiden hinterlassen, die an ihrer Spitze jeweils einen Deckstein aus Porphyr oder Granit tragen. Das zwischen den Säulen liegende Erdreich ist der Erosion ausgesetzt.

Oben:
Zwischen Eisack- und Sarntal erstreckt sich das bis zu 1000 Meter hoch gelegene Plateau des Ritten, an dessen Hängen sich noch ursprünglicher Forst, unter anderem Lärchenwälder, finden.

Seite 46/47:
Oberhalb von Tramin steht auf dem alten Burghügel die Kirche St. Jakob. Ihr Inneres birgt wertvolle Fresken aus dem 13. Jahrhundert.

Unten:
Von der Langkofelscharte blickt man in südöstlicher Richtung auf das 2244 Meter hoch gelegene Sellajoch an der Grenze zum Trentino.

Rechts:
Vom Sellajochhaus auf 2180 Meter Höhe geht eine Kabinenbahn zur Langkofelschartenhütte/Toni-Demetz-Hütte auf 2685 Metern.

Links und unten:
Die Gegend um Langkofel und Sellajoch liegt mitten in den »bleichen Bergen«, die ihren Namen dem französischen Geologen Dolomieu verdanken. Er erforschte Ende des 18. Jahrhunderts den Gesteinsaufbau der Dolomiten.

Am südlichen Rand Südtirols erhebt sich die Pordoispitze bis auf 2950 Meter und gibt den überwältigenden Blick auf Pordoijoch und Marmolada (3342 m) frei.

Alpendohlen sind an die extremen Klimaverhältnisse im Hochgebirge angepasst und unterscheiden sich von den Alpenkrähen durch den gelben Schnabel.

REITSCHULE - SCUOLA D' EQUITAZIONE

Ganz links und links:
Über den Karerpass auf 1745 Meter Höhe gelangt man auf der Großen Dolomitenstraße hinüber ins Fassatal. Kurz vor dem Pass liegt der kleine Karersee (links), in dessen tief-grünem Wasser sich hier die bis 2842 Meter hohen Spitzen des Latemar spiegeln.

Links:
Durch das Fassatal geht es in nordöstlicher Richtung nach Canazei und zur Pordoispitze, die hier in der Abendsonne glüht.

Seite 54/55:
Zwischen Karerpass und Nigersattel fällt der Blick über das Etschtal hinweg weit hinüber zum Ortlergebiet im Westen.

Die Strahlen der Abendsonne tauchen Sellagruppe (rechts) und Marmolada (unten) in ein faszinierendes Licht.

Links:
Die Spitzen des Langkofel steigen aus der Morgendämmerung auf.

Ganz unten und unten:
Am Grödner Joch (2121 m) zwischen Grödner und Gadertal findet man abseits der Skipisten noch immer Eindrücke ungestörter Hochgebirgslandschaften.

Unten und rechts:
Östlich von Bozen zieht sich das Tiersertal in Richtung Rosengarten. 2,5 Kilometer östlich von Tiers steht die romanische Kirche St. Cyprian, die 1583 spätgotisch neu eingewölbt wurde.

Oben:
Hinter dem herbstlich eingefärbten Wald erheben sich die Spitzen des Rosengartens fast bis auf 3000 Meter.

Seite 60/61:
Im Spiel aus Wolken und Licht bietet die Sellagruppe vom Monte Lagazuoi aus einen grandiosen Anblick.

KLEINE SCHULE

Zwei der berühmtesten Bergsteiger überhaupt kommen aus Südtirol. Luis Trenker (1892–1990) ist im Hauptort des Grödnertals, St. Ulrich, geboren und ebendort begraben. Sein Grab befindet sich auf dem Friedhof gegenüber der St.-Anna-Kirche. Nach dem Studium eröffnete Trenker mit einem Kollegen ein Architekturbüro in Bozen. In den 20er und 30er Jahren drehte er Spielfilme wie »Der Heilige Berg« (1926) mit Leni Riefenstahl, »Berge in Flammen«

(1932) oder »Der Berg ruft« (1937), die – ganz im Stil der Zeit – Heimat, Nation und Natur mystifizierten. Er schrieb außerdem Romane und Erzählungen und blieb bis ins hohe Alter seinem Image als Naturbursche treu.

Reinhold Messner (1944 geboren) stammt aus Brixen. Auch er absolvierte ein Architekturstudium, wenn auch nicht ganz freiwillig. Doch dürften die Begriffe von Statik und Stein, die er sich dabei aneignete, seine Sichtweise der Berge nicht unerheblich beeinflusst haben, wie das folgende Zitat zeigt: »Eine Wand, die ich hinauf will, sehe ich auf einer Art Zeichentafel vor mir. Mit meiner Erfahrung und mit meinem Empfinden für Linien kann ich eine Route auf diese Wand legen. Eine gedachte Route also, die sehr schön sein kann. Wenn ich diese gedachte Linie klettere, dann lebe ich sie, liebe ich sie.«

Links: *Luis Trenker (1892–1990) wurde als Filmschauspieler zum Inbegriff des verwegenen Bergsteigers.*

Nach dem Roman »Kampf ums Matterhorn« von Carl Haensel entstand 1937 unter der Regie von Luis Trenker der Film »Der Berg ruft«. In der Hauptrolle spielte Trenker den Bergführer Carrel. Dem Film liegen die dramatischen Ereignisse im Zusammenhang mit der Matterhorn-Erstbesteigung 1865 zugrunde, bei der die englische Expedition unter E. Whymper Carrel und seinem Begleiter nur um wenige Tage zuvorkam.

DES ALPINISMUS

Die Geschichte des Alpinismus aus sportlichem Ehrgeiz lässt sich bis auf Petrarca zurückverfolgen, der 1336 den 1912 Meter hohen Mont Ventoux in der Provence bestieg und darüber ein Sonnett verfasste. Größere Verbreitung erfuhr das Bergsteigen seit Ende des 18. Jahrhunderts, als Berge wie der Montblanc (1786) und der Großglockner (1800) erstmals bestiegen wurden. Der Ortler folgte 1804, und zwar durch Joseph Pichler, Gamsjäger auf der Schludernser Churburg.

In den sechziger Jahren des 19. Jahrhunderts begann mit der Gründung nationaler Alpenvereine (Österreich, Schweiz, Italien, Deutschland) die systematische Erschließung der Alpen. 1865 wurde das Matterhorn bezwungen. 1873 schlossen sich der deutsche und der österreichische Alpenverein zusammen. In diesen Jahren leisteten alpine Vereinigungen grundlegende Arbeit zur Erschließung weiter Gebirgsregionen. Sie legten Wege und Steige an, bauten Schutzhütten im unwegsamen Gelände und brachten die alpine Kartografie, Literatur und Forschung voran. Als eine der höchstgelegenen Hütten der Ostalpen wurde das Becherhaus/Kaiserin-Elisabeth-Haus auf 3195 Metern 1893/94 von Hannoveranern errichtet.

Für die Pioniere des Bergsteigens war die Erstbesteigung bedeutender Gipfel das Ziel gewesen, später rückten immer schwierigere Routen, Wände und Grate in den Mittelpunkt des Wettbewerbs, der sich auf verbesserte Ausrüstung und Technik stützte. 1950 wurde als erster Achttausender der Annapurna bestiegen, 1953 der Mount Everest. Als Beispiel für den Triumph des Kletterns mit maximalen Hilfsmitteln steht die Nordwand der Großen Zinne, die 1963 auf einer neuen Route (Sachsenweg) innerhalb von 17 Tagen unter Verwendung von Bohrhaken und bei ständiger Versorgung von unten über Nylonschnüre bewältigt wurde.

Eine gegenläufige Entwicklung setzte in den siebziger Jahren ein, die ihre Ursprünge unter anderem im sächsischen Elbsandsteingebirge hat und deren Vertreter weitestgehend auf künstliche Hilfsmittel verzichten. Das Freiklettern breitete sich von den Klettergärten auf alpine Wände aus und ermöglichte bis heute sensationelle Leistungen. Reinhold Messner, ebenfalls ein Gegner des technischen Kletterns, bezwang 1978 die eisigen Höhen des Everest (8848 m) als Erster ohne Sauerstoffgerät. Bis 1986 bestieg er auf dieselbe Weise die 14 höchsten Berge der Welt.

Die Popularität des Bergsports zieht eine wachsende Zahl von unerfahrenen Alpinisten ins Gebirge. Im gesamten Alpenraum kommen jährlich etwa 1000 Menschen durch Unfälle am Berg ums Leben, in Südtirol allein zirka 800. Während früher eher schlecht ausgerüstete Seilbahntouristen als Opfer zu beklagen waren, ist heute ein neuer Typus von Bergsteiger und Kletterer besonders gefährdet. Mancher, der teuer und trendy ausgerüstet ist, womöglich im Klettern an künstlichen Wänden geübt, gerät unter den veränderten Bedingungen im Fels und bei ungünstiger Witterung allzu leicht in lebensbedrohliche Situationen. Körperliche Fitness und aufwendiges Equipment können nicht die genaue Kenntnis der Verhaltensregeln im Gebirge ersetzen, zu denen vor allem ein hohes Maß an Verantwortungsbewusstsein gehört – sich selbst, anderen Bergsteigern sowie der Natur gegenüber.

Oben und rechts: *Der Langkofel mit seinem zerklüfteten System von Gipfeln, Türmen, Scharten und hohen Wänden bietet eine Fülle von Wander- und Kletterrouten unterschiedlicher Schwierigkeitsgrade.*

Ganz rechts: *Reinhold Messner: Extrembergsteiger, Buchautor (hier: auf der Frankfurter Buchmesse 1996) und neuerdings Abgeordneter im Europaparlament.*

Von der Seiseralm aus erreicht man die markante Hochfläche des Schlern mit dem Schlernhaus vor der einzigartigen Kulisse des Rosengarten.

Links:
Am Monte Lagazuoi wurde dieses Kreuz im Gedenken an den Ersten Weltkrieg errichtet.

Bis nach Cortina d'Ampezzo ziehen sich die Südtiroler Skigebiete, von denen einige ganzjährig frequentiert sind. Wo der Schnee ausbleibt, sorgen modernste Beschneiungsanlagen dafür, dass die Saison so lange als möglich andauert und die Lifte – wie hier im Skigebiet Wolkenstein/Sellajoch (oben) – nicht stehen bleiben.

MERAN UND VINSCHGAU

Über die vier Kilometer lange Tappeinerpromenade kann man von Meran bis Dorf Tirol hinaufwandern und zwischen mediterraner Vegetation, Wein- und Obstgärten die herrliche Aussicht auf die Stadt mit dem Turm der Pfarrkirche St. Nikolaus genießen. Franz Tappeiner war Botaniker und legte den Weg 1892 an.

Meran ist nach Norden hin durch die Berge der Texelgruppe geschützt und öffnet sich südwärts weit in die Ebene. Die vom Klima verwöhnte Stadt zieht seit Mitte des 19. Jahrhunderts mehr oder weniger aristokratisches und finanzstarkes Publikum an, das sich beim Kuren und Flanieren erholt. Neben dem mittelalterlichen Stadtkern und mehreren Burgen und Schlössern haben sich entsprechend repräsentative Bauten aus der Zeit der k. u. k. Monarchie erhalten. Die Stadt besitzt dutzende Kilometer Promenaden und schwelgt in mediterraner sowie subtropischer Vegetation. Die Straße von Meran die Etsch entlang durchs Vinschgau bis zum Reschenpass ist ein Teilstück der »Via Claudia Augusta«, die unter dem römischen Kaiser Tiberius Claudius etwa 46/47 n. Chr. angelegt wurde, um Verona und Augsburg zu verbinden. Sie geht durch ein Gebiet, das noch heute rätoromanische Spuren aufweist, und seien es nur die Orts- und Flurnamen. Durch die Nähe zu Graubünden und die lange Zugehörigkeit zum Bistum Chur war hier der alemannische Einfluss besonders stark. Er zeigt sich wohl nicht nur im Jassen, einem Kartenspiel, dessen höchste Karte der Bauer ist.

Einzigartig ist das Bewässerungssystem, das die Vinschgauer angesichts der geringen Niederschlagsmengen aufgebaut haben: Ein Netz von Kanälen, die Waale, versorgt die Anbauflächen mit Wasser aus den Gletscherregionen. Entlang den Kanälen verlaufen Wege, die sich bestens zum Wandern eignen. Berühmtheit erlangte das Dorf Laas an der Etsch durch seinen Marmor, der als widerstandsfähigster und schönster weißer Marmor Europas gilt.

Unter den Pässen Südtirols ragen im Ortlergebiet der Umbrailpass (2501 m) und das Stilfser Joch (2575 m) heraus, die hinüber ins Veltlin und nach Como und Mailand führen. 1820 begannen die Bauarbeiten an der Stilfser Passstraße, und nach nur fünf Jahren war das verwegene Projekt fertig. Von Spondinig an der Etsch windet sich die Straße in 48 Kehren über 1200 Höhenmeter hinauf zur Passhöhe – heute eine der schwierigsten Etappen beim Giro d'Italia.

– PROMENADEN, WAALWEGE UND PÄSSE

Unten und rechts:
Die Kurpromenade mit dem Jugendstil-Kurhaus (1873/1914) bildet den repräsentativen Mittelpunkt Merans. Hier verbrachte seit Mitte des 19. Jahrhunderts ein erlesenes Publikum die Sommerfrische – unter anderen auch Kaiserin Sissi, der ein Denkmal an der Sommerpromenade gesetzt wurde.

Links:
Während sich der mittelalterliche Altstadtkern in der Laubengasse (ganz links) noch gut erhalten hat, atmet die Kurpromenade (links) das Flair des Fin de siècle.

Nach der Postbrücke (ganz oben) kommt man auf die überdachte Winterpromenade (oben), deren begrünte Wandelhalle mit Südtiroler Motiven geschmückt ist.

Rechts:
Die Bauern im Obervinschgau sind seit jeher auf die künstliche Bewässerung ihrer Felder angewiesen, und so bedient sich auch Konrad Moriggl auf den Wiesen bei Burgeis der alten Techniken.

Links und unten:
Über ein in Jahrhunderten gewachsenes, kunstreiches Netz von Gräben und Kanälen wird wie hier bei Schluderns Quellwasser von den Gletschern heruntergeleitet, um in den extrem niederschlagsarmen Regionen die Ernte zu sichern.

DAS LEBEN DER BERGBAUERN:

Seit Jahrtausenden hat es in Südtirol auf Höhen zwischen 1000 und 1500 Metern Siedlungen und Einzelhöfe von Bauern gegeben, zum Teil fanden sich sogar Gehöfte bis auf eine Höhe von über 2000 Metern. Zur Zeit der Konsolidierung des Tiroler Herrschaftsgebiets unter Gräfin Margarete Maultasch bekamen die Bauern im Freiheitsbrief von 1342 bestimmte Privilegien zugesichert. Durch die Lage in schwer zugänglichen Regionen waren die Bergbauern einerseits dem direkten Zugriff der Obrigkeit weitgehend entzogen, andererseits lebten sie mit den kargen Erträgen ihrer Höfe und völlig auf sich selbst gestellt wohl oft genug am Rande des Existenzminimums.

Als eines der letzten Refugien alter Bergbauernkultur in Südtirol gilt das Sarntal. An seinem Ende verzweigt es sich ins Penser- und ins Durnholztal. Diese Gegend liegt etwa in der Mitte zwischen Bozen und Sterzing, Brixen und Meran – weitab von den größeren Verkehrswegen. Erst Mitte des vorigen Jahrhunderts wurde der alte Saumweg, der durch eine Schlucht ins Sarntal führte, zu einer Fahrstraße ausgebaut. Vorher gelangte man umständlich über Afing zu Fuß oder zu Pferd hinein und hinaus. Durnholz selbst, schon auf 1568 Metern, ist das letzte Dorf im Tal und liegt an einem kleinen See. Die Siedlung geht auf eine mittelalterliche Rodungsinsel zurück, die Kirche St. Nikolaus weist romanische Ursprünge auf. Für die Bedeutung dieses Platzes schon in früher Zeit spricht neben dem See als Wasserreservoir die Nähe zu wichtigen Übergängen in die Nachbartäler. Der Indersthof, hinterster und höchster im Tal, liegt auf 1755 Meter Höhe und ist heute über eine Straße erreichbar. Noch vor kurzem aber gab es hier genügend Gehöfte, zu denen man nur über einen Fußweg gelangte, in einem Fall verbanden sogar Leitern das steilste Stück des Pfads als einzigem Zugang mit dem 300 Meter oberhalb der Straße gelegenen Hof.

Südwestlich von Meran erstreckt sich das Ultental in Richtung Ortlergebiet. Das Hochtal, dessen Zugang durch die Gaulschlucht verengt ist, zieht sich bis nach St. Gertraud auf eine Höhe von über 1500 Metern, die letzten Höfe des Tals liegen auf etwa 1700 Metern. Ehemals wurden über den Saumpfad von Lana und Meran her sowie über die Gebirgsübergänge aus den Nachbartälern des Vinschgaus Lebensmittel und andere Güter ins Tal geholt, wo Viehzucht und Ackerbau den Bedarf nicht decken konnten, weil die Böden wegen der Höhenlage weniger ertragreich sind. Mit dem Straßenbau 1905 gewann die Holzwirtschaft an Bedeutung.

Auch im Ultental sind viele Einzelgehöfte verwaist. Eine Sage rankt sich um den Arnsteinerhof, der noch weit hinter St. Gertraud gelegen war. Eine Lawine riss Scheune und Stall samt Getreidevorrat mit sich. Die Familie stand ohne Lebensmittel da, konnte aber den Hof nicht verlassen, da weitere Lawinen drohten. Sie war dem Verhungern nahe, da streifte nachts eine zweite

Links:
In etlichen, lange unberührt gebliebenen Tälern wie dem Gadertal haben sich Teile einer alten Bergbauernkultur bis heute erhalten. Oft decken sich diese Rückzugsgebiete mit den Refugien der Ladiner, die teils noch in mittelalterlichen Höfegemeinschaften, den »Viles«, leben und wirtschaften, wie das Ehepaar Depoz(ganz links). Zur Vorrats-

(Eichendorff, An die Tiroler, 1810)

Lawine das Haus, und am Morgen fand man eine tote Gämse an der Hauswand hängen, durch deren Fleisch die Familie überlebte, bis sie in der Lage waren, den Hof zu verlassen. Heute findet man vom Arnsteinerhof nur noch einige Mauerreste. Im Vinschgau, wo die letzten Bauernhöfe bis auf 2000 Metern so hoch liegen wie nirgendwo sonst in den Ostalpen, stellt der Wassermangel häufig die Ursache dafür da, dass alte Gehöfte aufgelassen werden und verfallen.

Es gibt Bergbauernhöfe, deren Felder so steil sind, dass die Bauern beim Mähen Steigeisen tragen müssten, und mancher Bauer schleppte im Frühjahr körbeweise die Erde auf den Acker, von wo sie durch Wind und Wetter immer wieder aufs Neue abgetragen wurde. Es gehört schon »ein gerüttelt Maß« an Starrsinn dazu, wie ihn Robert Schneider den Bewohnern des Bergdorfes Eschberg angedichtet hat, um unter solch harten Bedingungen leben zu können: Starrsinn, dem wenig ergiebigen Boden das Allerlebensnotwendigste abzutrotzen. Die Bergbauern aus »Schlafes Bruder« bieten das literarische Negativ eines an Armseligkeit und Tumbheit kaum zu überbietenden Menschenschlags, und Josef Vilsmaier hat die Romanhandlung in eine Szenerie versetzt, wie sie eindringlicher nicht sein könnte. Auf der anderen Seite haben die erzwungene Unabhängigkeit und Weltabgeschiedenheit auch einen besonderen Begriff von Freiheit hervorgebracht, der jede Art von Bürokratie entgegensteht.

haltung gehört das gemeinschaftliche Holzhacken, wie bei Thomas und Joseph Nagler in Wengen. Aufgrund der extremen topografischen Verhältnisse ist der Einsatz von landwirtschaftlichen Maschinen vielerorts nur eingeschränkt oder gar nicht möglich, sodass das Gras mit der Sense gemäht werden muss, wie hier in Trafoi an der Straße zum Stilfser Joch (links unten).

Oben:
Die 60 Quadratkilometer große Hochweide der Seiseralm verwandelt sich jeden Sommer in ein Blütenmeer.

Unten:
Oberhalb von Burgeis liegt die mehr als 800 Jahre alte mächtige Anlage der Benediktinerabtei Marienberg. Neben der barocken Stiftskirche ist vor allem die 1156 geweihte Krypta mit ihren romanischen Fresken interessant.

Links:
Die Gegend um Schluderns war schon in der Bronzezeit besiedelt, doch der Ort selbst wird erst 1163 urkundlich erwähnt. Im Hintergrund sind Churburg und Orgelspitze zu sehen.

Oben:
Wegkreuze bei Schluderns.

Seite 78/79:
Lichtenberg bei Prad am Beginn der Stilfser-Joch-Straße vor dem Gipfel des Ortler.

Links:
Die Grafen von Trapp erwarben die Churburg 1504 und machten daraus die »schönste Renaissanceresidenz Südtirols«.

Oben:
Der spätgotische Säulengang wurde nach 1570 zu einem prächtigen, vierflügeligen Loggienhof ausgebaut, der mit Fresken geschmückt ist.

Unten und rechts:
Glurns ist mit etwa 800 Einwohnern die kleinste Stadt Südtirols und ein städtebauliches Kleinod, das seine Blütezeit im 14. und 15. Jahrhundert durch den Salzhandel erlebte. Der Laubentrakt (rechts) stammt größtenteils noch aus dem 13. Jahrhundert.

Ganz rechts
Die Pfarrkirche St. Pankratius besitzt an der Außenwand des Turms ein dreiteiliges Fresko mit dem Jüngsten Gericht.

Oben:
Vorbei an schmucken Bürgerhäusern führt die Straße auf den wuchtigen Torturm zu.

Links:
Die Befestigungsmauer mit Mittel- und Eckrondellen entstand im 16. Jahrhundert und ist vollständig erhalten.

1949 versank das Dorf Graun im Reschenstausee, und nur der Kirchturm der 1457 erbauten St.-Katharinen-Kirche ragt makaber aus dem Wasser.

Rechts:
Der Reschenpass, Wasserscheide zwischen Inn (Schwarzem Meer) und Etsch (Adria), ist der zweitniedrigste Alpenübergang. Auf den hoch gelegenen Wiesen wird Landwirtschaft betrieben.

Ganz links:
Die Kirche St. Veith am Bichl gehört zu den ältesten Kirchen des Vinschgaus. Die Fundamente stammen aus vorromanischer Zeit, der heutige Bau entstand Ende des 11. Jahrhunderts.

Links:
In der Malser Kirche St. Benedikt aus dem 8. Jahrhundert befinden sich wertvolle karolingische Fresken, die erst 1963 bei Restaurierungsarbeiten entdeckt wurden.

Links und unten:
Die Kirche des Malser Ortsteils Tartsch und ein Grabkreuz auf dem dazu gehörigen Friedhof.

Links:
An der oberen Etsch breiten sich Laatsch und Mals mit ihren eindrucksvollen Kirchtürmen aus.

Seite 88/89:
Oberhalb des Schnalstals wurde um 1500 die Pfarrkirche St. Katharina auf den Fundamenten einer Burg der Herren von Schnals errichtet.

Unten:
Der Ingenieur Carlo Donegani aus Brescia bekam den Auftrag, über das Stilfser Joch eine Straße von maximal 10 Prozent Steigung zu bauen, auf der auch schwere Geschütze von Tirol aus hinüber in die Lombardei transportiert werden könnten.

Rechts:
Ein Grenzstein markiert den Übergang von der Schweiz nach Italien am Umbrailpass.

Links:
Von der Trafoier Kirche aus blickt man auf den unteren Ortlerferner und den Trafoier Ferner.

Unten:
Auf der Passhöhe des Stilfser Jochs findet man Hotels und Gastronomie, doch nicht immer lädt das Wetter zum Verweilen ein.

Links:
Zwischen Vinschgau und Passeiertal steht auf einem Moränenhügel das Schloss der Grafen von Tirol.

Ganz oben:
Vor der oberen Apsis der Schlosskapelle befindet sich eine aus Holz geschnitzte überlebensgroße Kreuzigungsgruppe vom Anfang des 14. Jahrhunderts.

Oben:
Das Kapellenportal aus dem 12. Jahrhundert zeigt im Tympanon eine Szene der Kreuzabnahme.

Rechts:
Unterhalb des Weißkugel (3739 m) in den Ötztaler Alpen ist Skifahren winters wie sommers angesagt.

Unten:
Von Kurzras im Schnalstal geht es mit der Seilbahn hinauf ins Sommerskigebiet Grawand auf 3200 Meter Höhe.

1 9
Mein Jesu
07

Links und ganz oben: *Ob der St. Leonharder Rinnerhof im Passeiertal (links) oder der Marchegghof im Schnalstal (ganz oben) – die malerischen alten Bauernhäuser setzen Farbtupfer in die Gebirgslandschaft.*

Oben: *Zwischen Saldurnkamm und Texelgruppe verläuft das enge Schnalstal hinter nach Kurzras. Wenige Kilometer vorher sammelt sich das Wasser des Flusses im Vernagt-Stausee.*

ANDREAS HOFER UND DER

Nördlich von Meran zieht sich das Passeiertal in Richtung Timmelsjoch. In St. Leonhard, wo die Straße zum Jaufenpass abzweigt, wurde am 22. 11. 1767 Andreas Hofer im Gasthaus »am Sande« geboren. In einem Nebenraum des »Sandwirts« ist dem Tiroler Volkshelden eine kleine Ausstellung gewidmet. Hofer übernahm das Gasthaus von seinen Eltern, lebte hier mit seiner Familie als Wirt und handelte nebenher mit Pferden und Wein. Durch seine Handelsreisen kam er in Tirol viel herum und verschaffte sich als markante Persönlichkeit Bekanntheit über das Passeiertal hinaus. Als Deputierter seiner Landsleute hatte er schon früh Gelegenheit, die politischen Interessen der Tiroler zu vertreten – zum einen gegen die zentralistischen Bestrebungen des Wiener Hofes, zum anderen gegen die Truppen Napoleons, die 1796/97 aus Oberitalien gegen Südtirol vorrückten.

Links:
Im Januar 1809 empfängt Erzherzog Johann ehrenvoll in Wien Hofer, Joseph Speckbacher und Anton Wallner (nach einem Aquarell von Ernst Henseler).

Oben:
Der Holzstich nach einem Gemälde von Deffregger zeigt »Andreas Hofer auf dem Iselberge«, wo sich im April 1809 der Tiroler Landsturm bei Innsbruck gegen das gegnerische Heer aus Franzosen, Bayern und Sachsen behauptet hatte.

Nach der französischen Revolution kämpften die europäischen Mächte seit 1792 in wechselnden Koalitionen gegen Frankreich und das aufklärerische Gedankengut, das sich von dort über Europa ausbreitete. Nach vergeblichen Versuchen, Napoleons

TIROLER FREIHEITSKAMPF

wachsenden Einfluss in Europa einzudämmen, schloss Großbritannien 1804 mit Russland, Österreich, Schweden und Neapel ein Bündnis, das zum dritten Koalitionskrieg führte. Napoleon siegte in der Schlacht bei Austerlitz, und Österreich verlor 1805 im Frieden von Pressburg Tirol, Vorarlberg und Lindau an das mit Frankreich verbündete Bayern.

Für die Tiroler brachte der Herrschaftswechsel von Habsburg zu Wittelsbach schwerwiegende Veränderungen mit sich, unter anderem wurde die alte ständische Verfassung aufgehoben und das Land in drei Kreise eingeteilt. Kirchliche Reformen brachten die Bevölkerung gegen die bayerische Obrigkeit auf. Als die Tiroler, die traditionell bestimmte Freiheitsrechte genossen, schließlich zum Militärdienst für Bayern herangezogen werden sollten, kam es zu ersten Widerstandsaktionen gegen die Aushebung von Soldaten.

Währenddessen betrieben unter der Regierung von Kaiser Franz I. der Erzherzog Johann zusammen mit dem Minister von Stadion weiter den Kampf gegen Napoleon, in dem Tirol eine strategisch wichtige Rolle spielte. Als Oberbefehlshaber hatte Erzherzog Johann 1805 Tirol verlassen müssen, aber er pflegte seine Beziehungen dorthin sorgfältig. Unter anderem stand er in Kontakt mit Andreas Hofer, der sich mit zwei weiteren Gesandten Anfang 1809 zu geheimen Beratungen in Wien aufhielt. Der Plan sah vor, dass österreichische Truppen den Befreiungskampf der Tiroler mit tragen sollten. Hofer bereitete nach seiner Rückkehr alles vor, und im April begann der Aufstand.

Nach anfänglichen Erfolgen der Tiroler und dem Rückzug der Bayern brachte Napoleon Anfang Juli der österreichischen Armee eine Niederlage bei, die zum Waffenstillstand von Znaim führte. Als Folge davon mussten die österreichischen Truppen Tirol räumen, obwohl der Kaiser das Land noch vorher seiner vollen Unterstützung versichert hatte. In der Unsicherheit, die daraus resultierte, hielten Hofer und seine Mitstreiter die Bedingungen des Waffenstillstands zunächst für feindliche Propaganda. Als sich jedoch die Forderungen bewahrheiteten und französische Truppen das Land in Besitz

nahmen, entschied sich Hofer, den Kampf fortzuführen. Am 13. 8. besiegten die Tiroler am Berg Isel das französische Aufgebot, und Hofer übernahm von Innsbruck aus für zwei Monate die Regentschaft.

Tirol hatte sich behauptet, aber für Österreich endete der fünfte Koalitionskrieg gegen Napoleon im Oktober 1809 katastrophal. Mit dem Friedensvertrag von Schönbrunn fielen Salzburg, Nordtirol und das Innviertel an Bayern, Südtirol an Italien. Sofort machten sich bayerische und italienische Truppen in Richtung Tirol auf, und diesmal hatten die Verteidiger wenig entgegenzusetzen. Hofer zog sich aus Innsbruck zurück und ging an die Umsetzung des Friedensvertrags, ließ sich aber von seinem früheren Mitstreiter und Feldpater, dem Pustertaler Johann Simon Haspinger (1776– 1858) zum Weiterkämpfen bewegen. In der irrigen Hoffnung auf Entsatz aus Österreich und in falscher Einschätzung der politischen Verhältnisse ließen sich die Tiroler auf sinnlose Gefechte ein. Ende November war Hofer weitgehend isoliert, weigerte sich aber beharrlich zu flüchten. Schließlich versteckte er sich mehrere Wochen auf der Pfandleralm oberhalb von St. Martin, bis er an die Franzosen verraten und am 20. Februar 1810 in Mantua erschossen wurde.

Die Teilung Tirols dauerte bis 1814, als es Metternich gelang, bei der Neuordnung Europas durch den Wiener Kongress das Land unter österreichischer Herrschaft wieder zu vereinigen. 1834 erhielt Hofer ein lebensgroßes Denkmal in der Innsbrucker Hofkirche. Im Zeitalter der Romantik und der Restauration erlebte die Figur Hofers nicht nur historische Würdigung, sondern auch manche nationalistische Überhöhung.

Rechts oben:
Andreas Hofer und seine Mitstreiter Josef Speckbacher und Pater Joachim Haspinger auf einem Gemälde von Karl von Blaas: »Der Kampf auf dem Berge Isel 29. Mai 1809«

Rechts:
Der Tiroler Freiheitskämpfer wurde auf Befehl Napoleons I. am 20. 2. 1810 in Mantua hingerichtet. Hofer gab angeblich selbst den Feuerbefehl.

Rechts und ganz rechts:
St. Johann wurde um 1220 aus einem älteren Gebäude vom Johanniterorden zum Pilgerhospiz umgebaut. Die Fresken des Innenraumes entstanden in der 1. Hälfte des 13. Jahrhunderts und zeigen starke byzantinische Einflüsse.

Unten:
Wegkreuz im hoch gelegenen Straßendorf Taufers im Münstertal nahe der Grenze zur Schweiz. Grabkreuz auf dem Friedhof von Riffian im Passeiertal, einem alten Wallfahrtsort im Norden Merans.

Links:
Die Riffianer Friedhofskapelle Unsere Liebe Frau birgt zahlreiche meisterhafte Fresken im höfischen Stil. Die Malereien wurden 1415 von »Magister Venclaus« ausgeführt.

Unten:
In der Werkstatt des Holzbildhauers Erich Pircher in Taufers entsteht eine Muttergottes mit Kind.

Unten Mitte und unten:
Am Timmelsjoch (2474 m) überschreitet man die Grenze nach Österreich und gelangt hinüber ins Ötztal. Ziegen sind als Verwandte von Schaf und Steinbock geübte Kletterer und nehmen die Hochgebirgsatmosphäre ganz gelassen.

Ganz unten:
Über den Jaufenpass (2099 m) verläuft der kürzeste Weg vom Brenner durch Wipp- und Passeiertal nach Meran.

Grandioses Wechselspiel von Wolken und Licht am Jaufenpass (unten) und am Timmelsjoch (rechts).

EISACKTAL UND PUSTERTAL

Der Legende nach gab Österreichs Kaiser Franz Joseph anlässlich eines Besuchs in Hafling, wo sich Sissi nachweislich aufgehalten hat, der Pferderasse ihren Namen. Einige dieser berühmten Pferde sieht man hier auf der Seiser Alm weiden.

Zwischen Brenner und Bozen durchziehen heute wichtige, zeitweise hoffnungslos überlastete Verkehrsverbindungen das Wipp- und das Eisacktal. Als erste größere Stadt lockt Sterzing mit etlichen Sehenswürdigkeiten zu einem Aufenthalt. Im Landesbergbaumuseum kann man sich einen Überblick über Mineralien- und Metallvorkommen in Tirol verschaffen, um anschließend nach Maiern im Ridnauntal weiterzufahren und das dortige Schaubergwerk zu besuchen.

Hauptort im Eisacktal ist der ehemalige Bischofssitz Brixen, in dessen Zentrum sich zahlreiche historische Straßenzüge erhalten haben. Der romanische Kreuzgang des Domes besitzt herrliche Arkaden, die mit gotischen Fresken des 14. bis 16. Jahrhunderts bemalt sind – einzigartig in ihrer zeitlichen Dichte und motivischen Vielfalt. Das nahe gelegene Augustiner-Chorherrenstift Kloster Neustift wurde 1141 gegründet und im 17./18. Jahrhundert baulich umgestaltet. Die bedeutende Bibliothek im Stil des Rokoko birgt wertvolle Handschriften und Drucke, die zum Teil auch ausgestellt werden. In der Klosterschänke kann man hervorragende Weine verkosten. Nördlich von Brixen erstreckt sich ostwärts zwischen Mühlbach und Innichen das weite, grüne Pustertal mit dem Fluss Rienz, die alte Verbindung nach Kärnten und hinunter nach Venedig. Die Höhenstraße führt von Niedervintl, vorbei an den durch Wassererosion entstandenen Erdpyramiden bei Terenten, nach Bruneck. Hier herrscht eine geschäftige, aufgeschlossene Atmosphäre, und in der von pittoresken Gebäuden gesäumten Stadtgasse, heute Fußgängerzone, findet man Läden mit Kunsthandwerk, Keramik und Goldschmiedearbeiten. Nicht weit von Bruneck entfernt befindet sich das Dietenheimer Landesmuseum für Volkskunde, ein Freilichtmuseum mit originalgetreu aufgebauten bäuerlichen Anwesen und Wirtschaftsgebäuden samt Gerätschaften.

Die beiden großen Täler verzweigen sich in reizvolle Seitentäler, in denen Reisende noch heute Entdeckungen abseits der touristischen Hauptrouten machen können.

– ENTLANG DEN GROSSEN MAGISTRALEN

Reitturnier - Concorso ippico
Reitzentrum Thumburg - Centro ippico Casteltono
Sonntag 17.08.97 Domenica Beginn 9.00 inizio
Zimmer
Cafe' Konditorei
Café
Gelati
Café
HOTEL

Rechts:
Sterzing war im 15. und 16. Jahrhundert ein wohlhabendes Zentrum des Silber- und Bleibergbaus. Die Altstadt wurde nach einem Brand 1433 im spätgotischen Stil völlig neu aufgebaut und zieht heute mit ihren Sehenswürdigkeiten zahlreiche Reisende auf dem Weg über den Brenner an.

Ganz oben:
Sterzings Stadtturm wurde im 15. Jahrhundert von J. Schettel aus Granitquadern errichtet und erhielt den Zinnengiebel 1868.

Oben:
Die blumengeschmückten Erker und zinnenbesetzten Giebel der Bürgerhäuser vermitteln noch heute einen Eindruck von ständischem Selbstbewusstsein und Repräsentationsbedürfnis, das in der durch die Fugger geprägten aufstrebenden Stadt gepflegt wurde.

Rechts und unten: *Die Stiftskirche zum Hl. Candidus und Corbinian in Innichen gilt als das bedeutendste romanische Bauwerk Tirols und als Wahrzeichen des Hochpustertals. Sie steht auf den Fundamenten einer Basilika aus dem 8. Jahrhundert. Vier Kreuzgratgewölbe überdecken das Mittelschiff, Flachkuppeln und Quergurte die Seitenschiffe. Am Hochaltar ist die berühmte Kreuzigungsgruppe zu sehen.*

Rechts und rechts unten: *St. Prokulus bei Naturns im Vinschgau wirkt von außen unscheinbar, enthält jedoch unschätzbar wertvolle Wandmalereien, die erst 1923 entdeckt wurden. Die zwischen 770 und 800 entstandenen Fresken weisen irisch-keltische Einflüsse sowie antike Formenelemente auf. Sie zeigen unter anderem an der Südwand Figuren, die einen Heiligen in einem Korb abseilen – vielleicht den hl. Prokulus, im 4. Jahrhundert Bischof von Verona.*

CASSIANEUM

Links:
Brixen am Zusammenfluss von Eisack und Rienz, die älteste Stadt Tirols, wurde 910 Bischofssitz und als Residenzstadt planmäßig ausgebaut. Die Domkirche Mariä Himmelfahrt zeigt verschiedene Bauphasen. Sie wurde Mitte des 18. Jahrhunderts barockisiert.

Oben:
Eindrücke von Brixen – eine Stadt, in der es sich unter dem Schutz der Fürstbischöfe immer gut leben ließ.

Seite 112/113:
Das bei Brixen gelegene Augustiner-Chorherrenstift stellte jahrhundertelang ein bedeutendes religiöses und kulturelles Zentrum dar. Davon zeugt nicht nur die prachtvolle Bibliothek. Neben der Musik wurde hier auch das kirchliche Schauspiel gepflegt.

Friedrich Zollner - Augustiner Chorherr

Links:
Kloster Neustift weist unterschiedliche und miteinander kontrastierende Architekturstile auf.

Unten:
Zum Brixner Priesterseminar gehört die 1767 geweihte Heiligkreuzkirche. Beides geht auf Entwürfe von G. Tangl zurück.

Oben und oben Mitte:
Der Kreuzgang des Doms in Brixen besteht aus romanischen Arkaden, die von einem gotischen Kreuzrippengewölbe überdeckt werden und überreich mit Fresken namhafter Künstler des Spätmittelalters ausgemalt sind.

Seite 116/117:
Zwischen Schlern, Rosengarten und Langkofel auf der einen sowie dem Grödnertal auf der anderen Seite erstreckt sich die Seiser Alm.

Ganz links:
Nördlich des Grödnertals verläuft das Villnösstal in Richtung Geisler-gruppe.
Die Kapelle St. Johann in Ranui wurde 1744 von M. Jenner erbaut und präsentiert sich hier majestätisch vor den Geislerspitzen (3025 m).

Links:
Auf einer Höhe von 1800 bis 2100 Metern breitet sich die Seiser Alm vor dem Schlern aus.

Links:
Bei der Zallinger Hütte auf der Seiseralm weiden Haflinger.

Seite 120/121:
Von den Schlernhäusern auf 2457 Meter Höhe, unterhalb der Gipfel Petz und Burgstall bietet sich das weite Panorama der Brentagruppe.

Stuben
ÖSTERREICH
Reschenpass
1.504 m
Reschen
Rèsia
Melag
Melago
Reschen-
see
Weißkugel
3.739 m
Salurnkamm
St. Valentin
S. Valentino
Vernagt-
Stausee
Tanai
Thanai
Mals
Malles
Taufers
Tubre
Glurns
Glorenza
Schluderns
Sluderno
Spondinig
Spondigna
Etsch
Laas
Lasa
Schlanders
Silandro
Prad
Prato
Latsch
Làces
Gomagoi
Trafoi
Stilfserjoch
2.757m
Ortler
3.899 m
Sulden
Sulda
Gand
Ganda
Nationalpark
Stilfserjoch
M. Cevedale
Zufallspitzen
3.779 m
Adamello
Madonna
di Campiglio

Matrei
Zillertaler Alpen
Sölden
Brennerpass
1.374 m
Dreiherrnspitze
3.499 m
Prettau
Predoi
Schwarzenstein
3.368 m
Ahrntal
Steinhaus
Cadipietra
Timmelsjoch
2.497 m
Brenner
Brénnero
St. Jakob
S. Giàcomo
Gossensass
Colle Isarco
Pfitscher Tal
Ridaun
Ridanna
Neves-Stausee
Luttach
Lutago
ÖSTER-REICH
Sterzing
Vipiteno
Ratschings
Racines
Sand
Campo Tures
ITALIEN
Jaufenpass
2.094 m
Naturpark Rieserferner-gruppe
Staller Sattel
2.052 m
Moos
Moso
Mauls
Mules
Penser Joch
2.214 m
St. Leonhard
S. Leonardo
Eisack
Antholz
Anterselva
Franzensfeste
Fortezza
Vintl
Vandóies
Hochwilde
3.482 m
St. Martin
S. Martino
Kiens
Chienes
Mühlbach
Rio di Pusteria
Weißenbach
Riobianco
Bruneck
Brunico
Texelgruppe
Passer
St. Lorenzen
S. Lorenzo
Sarntaler Alpen
Taisten
Tesido
Vahrn
Varna
Neustift
Novacella
Olang
Valdaora
Tirol
Tirolo
Schenna
Scena
Welsberg
Monguelfo
Forst
Foresta
Toblach
Dobbiaco
Innichen
San Candido
Brixen
Bressanone
Zwischenwasser
Longega
Meran
Merano
Naturns
Naturno
Astfeld
Campolasta
Prags
Braies
Niederdorf
Villabassa
Kastelbell
Castelbello
St. Vigil
S. Vigilio
Sarnthein
Sarentino
Drau-Quelle
Kloster Säben
Klausen
Chiusa
Lana
Burgstall
Postal
St. Pankraz
S. Pancrazio
Barbian
Barbiano
St. Magdalena
S. Maddalena
Naturpark Sennes-Prags
Sarntal
Gargazon
Gargazzone
St. Walburg
Sta. Valburga
Waidbruck
Ponte Gardena
Grödner Tal
Schluderbach
Carbonin
Drei Zinnen
2.998 m
St. Ulrich
Ortisei
Pedratsches
Pedráces
Etsch
Zoggler Stausee
Kastelruth
Castelrotto
Wangen
Vanga
Terlan
Terlano
Grödner Joch
2.121 m
Stern
La Villa
Seis
Siusi
Wolkenstein
Selva
Eisack
Völs
Fiè
Naturpark Schlern
Falzaregopass
2.105 m
Blumau
Prato
Cortina d'Ampezzo
Auronzo
Eppan
Appiano
Bozen
Bolzano
Sellajoch
2.214 m
Tiers
Tires
Canazei
Leifers
Láives
Eggental
Kaltern
Caldaro
Cles
Marmolada
3.343 m
Kalterer See
Deutschnofen
Nova Ponente
Karersee
Carezza al Lago
Tramin
Termeno
Auer
Ora
Moena
Pieve di Cadore
Kurtatsch
Cortaccia
Neumarkt
Egna
S. Lugano
Dolomiten
VENETIEN
Cavalese
Salurn
Salorno
Avisio
Mezzolombardo
S. Martino di Castrozza
TRENTINO-SÜDTIROL
Cma. d. Sette Selle
2.396 m
Trient
Trento
Belluno
Borgo
Adige

Die Sterzinger Spitalkirche zum Hl. Geist wurde 1380 erbaut und 1420 durch Hans von Bruneck mit Fresken ausgemalt, die die gesamten Wände des Hauptraums bedecken.

Impressum

Bildnachweis
Alle Bilder von Max Galli mit Ausnahme von:
S. 40 links, S. 41 rechts oben, Sigloch Bildarchiv, Künzelsau.
S. 62 links (2 Abb.), S. 63 ganz rechts, S. 98/99 (4 Abb.), Archiv für Kunst und Geschichte, Berlin.

Buchgestaltung:
hoyerdesign grafik gmbh, Freiburg

Karte
Fischer Kartografie, Fürstenfeldbruck

Die Deutsche Bibliothek - CIP-Einheitsaufnahme
Reise durch Südtirol / Marion Voigt. Max Galli. –
Würzburg : Stürtz, 1999
ISBN 3-8003-0969-6

Printed in Germany

ISBN 3-8003-0969-6

Stürtz Verlag Würzburg